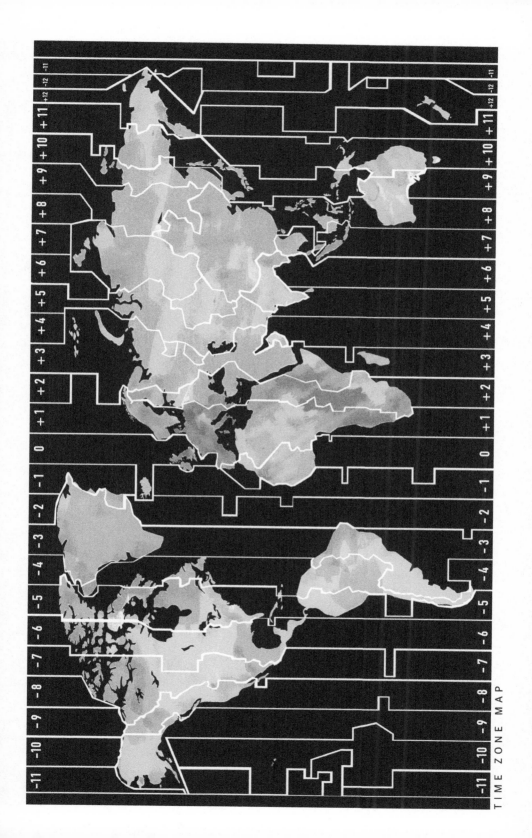

TIME ZONE MAP

DESTINATION(S):

GOOD TO KNOW ABOUT REGION AND CULTURE:

PACKING LIST

- [ ]
- [ ]
- [ ]
- [ ]
- [ ]
- [ ]
- [ ]
- [ ]
- [ ]
- [ ]
- [ ]
- [ ]
- [ ]
- [ ]
- [ ]
- [ ]
- [ ]
- [ ]
- [ ]
- [ ]
- [ ]
- [ ]
- [ ]
- [ ]
- [ ]
- [ ]
- [ ]
- [ ]
- [ ]
- [ ]
- [ ]
- [ ]
- [ ]
- [ ]

TO DO BEFORE LEAVING

BUCKET LIST

- [ ]
- [ ]
- [ ]
- [ ]
- [ ]
- [ ]
- [ ]
- [ ]
- [ ]
- [ ]
- [ ]
- [ ]
- [ ]
- [ ]
- [ ]
- [ ]
- [ ]
- [ ]
- [ ]
- [ ]
- [ ]
- [ ]
- [ ]
- [ ]
- [ ]
- [ ]
- [ ]
- [ ]
- [ ]

BUDGET

TOTAL: | TOTAL:

DESTINATION(S):

GOOD TO KNOW ABOUT REGION AND CULTURE:

PACKING LIST

TO DO BEFORE LEAVING

- [ ]
- [ ]
- [ ]
- [ ]
- [ ]
- [ ]
- [ ]
- [ ]
- [ ]
- [ ]
- [ ]
- [ ]
- [ ]
- [ ]
- [ ]
- [ ]
- [ ]
- [ ]
- [ ]
- [ ]
- [ ]
- [ ]
- [ ]
- [ ]
- [ ]
- [ ]
- [ ]
- [ ]
- [ ]
- [ ]
- [ ]
- [ ]

BUCKET LIST

BUDGET

| TOTAL: | TOTAL: |

LOCATION: DATE:

LOCATION: DATE:

LOCATION: DATE:

LOCATION: DATE:

LOCATION: DATE:

LOCATION: DATE:

Made in the USA
Coppell, TX
10 December 2021

67880581R00069